RDONNANCES
T STATUTS
OUR LE CORPS
MARCHANDS MERCIERS
de la Ville de Metz.

Verifiées en Parlement le 17. Septembre 1666.

A METZ,

ar JEAN & BRICE ANTOINE, Imprimeurs jurés du Roy, & de Nosseigneurs de Parlement, demeurans sur la Place d'Armes, au Signe de la Croix.

M. DC. XCII.

EXTRAIT DES REGISTRES du Conſeil Privé du Roy.

UR la Requête preſentée au Roy en ſon Conſeil, par le Corps des Marchands Merciers de la Ville de Metz ; Contenant que les Rois Prédeceſſeurs de Sa Majeſté leur auroient octroyé des Statuts & Ordonnances, par leſquels il leur auroit accordé pluſieurs beaux Privileges concernans leur negoce : Mais comme les Guerres ſont arrivées, ſoit par la negligence de leurs Devanciers ou autrement, ils ont été perdus & adhirés ; ce qui leur fait un notable préjudice, en ce que quelques Malveillans s'en pouroient prévaloir, s'il n'y étoit promptement remedié : Et comme c'eſt l'intention de Sa Majeſté de rétablir le Negoce dans ſon Royaume & le remettre dans ſa ſplendeur, & notamment dans ladite Ville de Metz, ainſi qu'Elle l'a témoigné par ſa Lettre de Cachet adreſſante à ſon Parlement de ladite Ville, ce qui auroit donné lieu aux Suplians de s'aſſembler pour déliberer entr'eux & voir les moyens neceſſaires pour executer la volonté du Roy, afin que les choſes ſoient rétablies, qui ont été negligées, & que le Public & Particuliers en reçoivent contentement; ce qui mettra fin à pluſieurs Procés qui ſont journellement intentés à l'encontre des Suplians, pour raiſon de leur Negoce: Enfin aprés une meure déliberation faite entr'eux, ils ont jugé à propos de dreſſer de nouveaux Statuts & Ordonnances afin que la Police ſoit exercée & obſervée dans leurs Corps, & empêcher le deſordre qui s'y pouroit gliſſer. A CES CAUSES, Requeroient les Suplians qu'il plût à Sa Majeſté ordonner la confirmation de leurs Statuts, pour être gardés obſervés dans leurs Corps de point en point, ſelon leur forme & teneur, avec défenſes à toutes perſonnes d'y contrevenir, ſur les peines portées par iceux. VEU ladite Requête ſignée Delignes, Avocat au Conſeil deſdits Suplians; leſdits nouveaux Statuts & autres Pieces attachées à ladite Requête; OüY le Raport du Sieur Demeſmes, Commiſſaire & Député: Et tout conſideré. LE ROY EN SON CONSEIL, a renvoyé & renvoye ladite Requête & Statuts pardevant le Lieutenant General & Procureur du Roy dudit Metz, pour donner leur avis ſur le contenu en iceux; pour iceluy vû & raporté au Conſeil, être ordonné ainſi que de raiſon. FAIT au Conſeil Privé du Roy tenu à Fontainebleau le dixiéme jour de Juillet mil ſix cens ſoixante-ſix. *Collationné*, *Signé*, LAGUILLAUMYE.

CE JOURD'HUY vingt-hutiéme Juillet mil ſix cens ſoixante-ſix, Pardevant Nous Philbert Eſtienne, Seigneur d'Augny, Conſeiller du Roy en ſes Conſeils, Lieutenant General au Bailliage & Siege Royal de Metz, & Jean Poutet, Seigneur de Vitrange, Procureur du Roy audit Bailliage; eſt comparuë la Communauté des Marchands Merciers de cette Ville de Metz, par David de la Cloche & Jean Dudon, tous deux Maîtres & Gardes; Iſaac Jaſſoy & Jacques Georges, Anciens & Commis de ladite Communauté: Leſquels Nous ont repreſenté les nouveaux Statuts qu'ils ont fait dreſſer par Me. Charles Delignes, Avocat és Conſeils du Roy; leſdits Statuts conſiſtans juſques en vingt-neuf Articles, pour ſervir à l'avenir de Loy en leur Art & Commerce: Comme auſſi Nous ont repreſenté l'Arreſt par eux obtenu au Conſeil du Roy le dixiéme du preſent mois, par lequel leſdits Statuts & la Requête preſentée par ladite Communauté audit Conſeil, aux fins d'obtenir leſdits Statuts, Nous ſont renvoyés pour les examiner & dire ſur ce nôtre avis, Nous requerant de prendre la lecture deſdits Statuts & Arrêt; à l'effet de quoy aprés avoir lû & fort exactement conſideré & examiné leſdits Statuts, Nous n'y avons trouvé aucune choſe préjudiciable au Public; Et pour ſatisfaire au deſir dudit Arrêt, nôtre Avis eſt ſous le bon plaiſir de Sa Majeſté, que leſdits Statuts peuvent être accordés, & que l'execution d'iceux ne peut être que fort avantageuſe au Public & favorable à la manutention dudit Etat & Negoce; En ſoy de quoy Nous avons dreſſé & ſigné les Preſentes, & icelles fait ſigner par Me. Loüis Mangeot, Greffier ordinaire dudit Bailliage, & y apoſer le Sceau Royal d'iceluy. FAIT à Metz les jour & an que deſſus. *Signé*, ESTIENNE. POUTET.

ORDONNANCES ET STATUTS pour le Corps des Marchands Merciers de la Ville de Metz.

ARTICLE PREMIER.

QUE chacune année le vingt-neuviéme jour de May, ſe fera élection d'un Maître à la pluralité des voix; & pour cet effet, que tous les Marchands Merciers ſe trouveront en l'Hôtel de Monſieur le Lieutenant General, lequel en preſence & aſſiſtance de Monſieur le Procureur du Roy, recevra les voix, ainſi qu'il eſt pratiqué de tout temps, & leur ſera payé leurs droits ordinaires.

I I.

Que le Maître qui sera choisi aprés avoir prêté serment, assisté des anciens Maîtres & des cinq Jurés, choisiront entr'eux cinq autres Jurés : Sçavoir, deux Anciens-Six & trois Jeunes-Six, qui tous ensemble affirmeront pardevant ledit Sieur Lieutenant General, & promettront par leur affirmation de bien & fidelement garder les Statuts, & ne rien faire au contraire, en façon que ce soit.

I I I.

Que l'ancien Maître sortant, rendra compte des deniers qu'il aura reçûs pendant son année, au nouveau Maître, & en presence des Jurés anciens & nouveaux.

I V.

Que personne, soit de la Ville, du Païs, Forains ou Etrangers, ne pouront à l'avenir être reçûs dans le Corps desdits Marchands Merciers, qu'ils n'ayent fait trois années d'Aprentissage dans la Ville de Metz, & non ailleurs; & encore bien qu'ils ayent fait Aprentissage ailleurs, ils ne pouront pour cela être reçûs audit Corps, ny negocier que comme l'Etranger; & aprés les trois années d'Aprentissage faites & accomplies dans ladite Ville de Metz, les Maîtres & Jurés donneront les Lettres d'Aprentissage en parchemin, aprés neanmoins que le Maître de l'Aprentif aura affirmé pardevant ledit Sieur Lieutenant General, qu'il a servy lesdites trois années dans son negoce, & donnera ausdits Maîtres pour lesdites Lettres, dix livres tournois, & audit Sieur Lieutenant General pour recevoir ladite affirmation aussi dix livres.

V.

Qu'il sera libre ausdits Maîtres qui prendront des Aprentifs, de les prendre pour plus de trois années, mais non pas moins desdites trois années, & n'en pouront avoir que deux à la fois: Et seront lesdits Aprentifs obligés de demeurer lesdites trois années continuelles chés leursdits Maîtres, & se comporteront avec honneur en leurs Maisons, & leur rendront tous respects, même à leurs Familles, à peine d'être exclus du titre de Marchand; & cas arrivant que le Marchand sous lequel l'Aprentif aura commencé son Aprentissage, vienne à déceder, ou qu'il quitte le Negoce avant son temps expiré, il poura le parachever en la Maison d'un autre Marchand, ou sous la Veuve du Décedé.

V I.

Que lorsque lesdits Aprentifs voudront lever Boutique & negocier, ils seront tenus de se faire enregistrer chés Mondit-Sieur le Lieutenant General, & pour reception donneront à Messieurs le Lieutenant General & Procureur du Roy soixante livres, trente livres au Bureau des Pauvres, & dix livres pour les pauvres Prisonniers, & aux Jurés cent livres, pour être employées aux necessités du Corps des Marchands Merciers; desquels droits les Fils de Maîtres seront déchargés, en baillant seulement vingt sols au Bureau des Pauvres, vingt sols à Monsieur le Lieutenant

tenant General & Procureur du Roy qui ſont quarante ſols, & audit Corps vingt ſols, ſeront auſſi déchargés de l'Aprentiſſage.

V I I.

Et auront auſſi les Filles de Maîtres le même droit que les Garçons, qui venans à ſe marier à une perſonne de la Ville, du Païs, ou Etranger, ils pouront tenir Boutique & être leurs Maris Maîtres Marchands Merciers, tout ainſi que s'ils avoient fait Aprentiſſage, & payeront leſdits Maris les mêmes droits que ceux qui ont fait Aprentiſſage, pourveu qu'ils n'exercent autre Profeſſion ny Mêtier.

V I I I.

Que les Veuves des Marchands Merciers venans à ſe remarier, pouront leurs Maris être Marchands Merciers, ſans qu'ils ſoient obligés à faire Aprentiſſage, & qu'ils n'exercent autre Profeſſion; & en exerçant d'autre, ne pouront plus être Merciers, & payeront auſdits Sieurs Lieutenant General & Procureur du Roy quinze livres, & aux Jurés dix livres pour être partagées entr'eux.

I X.

Que nul deſdits Marchands Merciers ne pouront faire ſocieté avec des Fotains ny Etrangers, pour negocier dans la Ville ny Païs, d'aucunes Marchandiſes dépendantes de ladite Mercerie, que leſdits Forains ou Etrangers n'ayent fait leur Aprentiſſage à Metz de quoy leſdits Marchands Merciers ſeront obligés de ſe purger par ſerment, en étans requis par les Maîtres & Jurés, pardevant ledit Sieur

Lieutenant General; & en cas qu'il y eût societé, ils seront amendables de cinquante livres pour la premiere fois, pour la recidive du double, & pour la troisiéme fois il sera loisible de les priver du Corps sans pouvoir plus negocier.

X.

Que nuls des Forains ny Etrangers ne pouront acheter aucunes Marchandises dans la Ville ny Païs, ny aller au-devant desdites Marchandises pour en vendre, débiter ny troquer dans ladite Ville ny Païs ; & y étans pris, payeront cent livres d'amende.

X I.

Qu'il ne sera loisible aux Marchands Forains ny Etrangers de venir à Metz davantage que trois fois l'année, pour y amener des Marchandises de toutes sortes, lesquellesdites Marchandises seront conduites au Poids de la Ville par lesdits Marchands Forains, pour y être reconnuës, & declaration dressée, pesées & livrées par les Jurés; & en cas qu'elles ne soient de la qualité, poids & mesure requise, ne pouront être distribuées, à peine de cent livres d'amende.

X I I.

Que lesdites Marchandises se trouvans de la qualité requise, seront mises dans des Magazins pour y être venduës pendant huit jours, en gros, aux Marchands & Bourgeois de ladite Ville, & ledit temps passé, le restant desdites Marchandises sera vendu en gros aux Marchands Bourgeois seulement, & sans qu'ils puissent vendre à aucuns Etrangers, à peine de cent livres d'amende contre les Contrevenans.

XIII.

Que lesdits Marchands Forains ny Etrangers ne pouront vendre dans la Ville ny Païs, aprés la huitaine expirée, aussi à peine de cent livres d'amende; & ne pouront avoir autres Facteurs pour debiter le restant de leurs Marchandises, qu'un Marchand Mercier, Bourgeois de Metz & non autre. Et dautant qu'il y a des Marchands Forains qui sont associés jusques au nombre de douze Etrangers, il n'est permis à iceux Associés de venir dans la Ville ny Païs pour y amener des Marchandises ny en envoyer, aprés que leurs Associés en seront sortis. Ne sera permis ausdits Etrangers de faire aucun envoy aux Marchands des Villes voisines pendant leur sejour en cette Ville, à peine de trois cens livres d'amende & de confiscation des envois, & les confiscations aux Pauvres.

XIV.

Qu'aucuns Tailleurs d'habits ne pouront vendre ny débiter aucunes Marchandises de Mercerie, comme Velours, Tabis, Taffetas, Rubans, Soyes, Boutons & fournitures d'habits, ny autres Marchandises dépendantes de ladite Mercerie, à peine de confiscation & de quinze livres d'amende.

XV.

Qu'aucuns Drapiers Drapans ne pouront être reçûs au nombre des Marchands Merciers, qu'ils n'ayent fait

Aprentiſſage de Mercerie, ainſi qu'il eſt porté par le quatriéme Article des preſens Statuts. Et dautant qu'ils font des Serges, bon Baſin & autres choſes dépendantes de la Mercerie qu'ils pouront vendre & débiter, & pour leſquelles ils payent maltôte au Corps des Marchands Merciers; ils ne ſeront pour cela à l'avenir compris dans ledit Corps. Qu'il ne ſera loiſible auſdits Drapiers de trafiquer ny negocier d'aucune Marchandiſe dépendante de ladite Mercerie, autre que de leur manufacture, à peine de cent livres d'amende & de confiſcation des Marchandiſes : Et en cas qu'aucuns deſdits Drapiers ſeroient inſcrits dans le Livre deſdits Merciers; iceux joüiront des mêmes droits & privileges que leſdits Merciers, leurs Veuves & Enfans.

XVI.

Que tous Marchands de Draps reçûs Merciers, & inſcrits ſur le Livre des Merciers, ſont & demeureront Merciers, & joüiront des mêmes droits des Marchands Merciers, eux, leurs Veuves & enfans.

XVII.

Qu'aucuns Chauſſetiers ne pouront vendre ny débiter en gros ny en détail, aucune Marchandiſe de Mercerie, à peine de cent livres d'amende : Pouront neanmoins iceux Chauſſetiers mettre en œuvre des Marchandiſes de Mercerie, celles qui leur ſeront neceſſaires pour les habits qu'ils débitent, ſans que pour cela ils puiſſent être apellés Merciers : Pouront neanmoins les Chauſſetiers qui ſont inſcrits au Livres des Marchands Merciers, joüir des mêmes droits que lesdits Merciers, eux, leurs Veuves & enfans.

XVIII.

Qu'aucuns Passementiers ne pouront vendre ny débiter aucune chose dépendante de ladite Mercerie, que leur manufacture, dont ils en payeront le droit de Maltôte, sans que pour cela ils soient apellés Merciers, ny puissent joüir d'aucun droit que de leurs manufactures seulement, s'ils ne sont inscrits au Livre des Merciers; & y étans, ils joüiront des mêmes droits que lesdits Merciers, leurs Veuves & Enfans.

XIX.

Que nuls Apoticaires, encore qu'ils se servent des Drogues & autres choses dépendantes de la Mercerie, dont ils payent les droits de Maltôte; si est-ce que pour cela ils ne pouront être apellés Merciers, s'ils ne sont inscrits au Livre des Merciers; & y étans, ils pouront joüir des mêmes droits desdits Merciers, leurs Veuves & Enfans.

XX.

Et dautant qu'il y a quantité de pauvres Gens qui ne peuvent faire grand trafic, leur sera libre de vendre Lard, Graisse, Vieuxoüin, Bœure & Fromage, Oeufs & toutes sortes de Legumes, sans que pour cela ils puissent rien vendre autre chose dépendante de ladite Mercerie, & qu'ils puissent prendre la qualité de Marchands Merciers; & que si c'étoient Gens qui eussent autre Mêtier ou Profeſſion, ne leur ſeroit permis de vendre aucunes choſes ſuſdites, à peine de ſeize livres d'amende.

XXI.

Pareillement défenſes ſont faites à tous Huilliers, Charretiers Tailleurs, Chapeliers, Cordonniers, Tanneurs, Tiſſerands, Drapiers Drapans, & generalement toutes ſortes de perſonnes faiſans autre Profeſſion ou Corps de Mêtier, de s'ingerer de rien vendre ny leurs femmes, en gros ny en détail, dépendant de la Mercerie, hors les choſes de leurs manufactures, & pour leſquelles ils devroient le droit de Maltôte, le tout à peine de cinq cens livres d'amende, en cas qu'ils y ſoient ſurpris.

XXII.

Et dautant qu'il y a quantité de Revendeurs & Revendereſſes qui s'ingerent d'aller dans les Boutiques & Magazins des Marchands Merciers, pour y acheter des Marchandiſes pour les aller revendre dans les Maiſons à treshaut prix, faiſant croire que des Particuliers leur ont mis en mains pour les vendre, diſant que ce ſont à des perſonnes neceſſiteuſes, faiſant croire qu'elles en font bon marché : Défenſes ſont faites à toutes ces ſortes de perſonnes, de vendre ny débiter aucunes Marchandiſes neuves, ſinon celles qu'ils acheteront à l'incant ou Etaux, quelles elles ſoient, à peine de cent livres d'amende & de confiſcation des Marchandiſes, & ſans que leſd. Revendeurs & Revendereſſes ſoient obligés à aucune reſtitution aux Marchands Merciers qui leur auroient donné leſdites

Marchandiſes à vendre, encore bien qu'ils les en ayent requis.

XXIII.

Que défenſes ſont pareillement faites aux Hôteliers, Cabaretiers, Rotiſſeurs, & generalement à toutes perſonnes, de ſouffrir qu'il ſoit vendu ny débité aucunes Marchandiſes de Mercerie dans leurs Maiſons par qui que ce ſoit, autres que des Marchands Merciers de cette Ville de Metz, à peine de dix livres d'amende.

XXIV.

Qu'il ſera loiſible auſdits Marchands Merciers d'étaler les jours de marché és Lieux & Places ordinaires, à la charge de tenir leur Boutique fermée leſdits jours de marché.

XXV.

Selon l'Uſage ordinaire, ſera fait viſite par les Maîtres & Jurés, trois fois l'année, des Poids, Balances, tant és Boutiques que Magazins, & toutes les fois qu'ils le jugeront à propos.

XXVI.

Afin que les Déliberations priſes aux Aſſemblées qui ſe feront deſdits Maîtres & Jurés, ſoient utiles, ce qui aura été reſolu par douze deſdits Marchands, ſans y comprendre leſdits Maîtres Jurés, ſera executé, validera & ſubſiſtera comme ſi tout le Corps y avoit été general, aprés neanmoins que la Semonce generale aura été faite.

XXVII.

L'établiſſement du Corps deſdits Marchands eſt ſi neceſſaire, que la Déclaration de Sa Majeſté du 20. Août 1657. regiſtrée en ſon Parlement de Paris le 4. Septembre enſuivant, ſera executée en ſa faveur, ſelon ſa forme & teneur; ce faiſant, il ſera pour toûjours exempt des Lettres que l'on avoit cy-devant accoûtumé de créer en conſideration de l'avenement des Rois à la Couronne, Majorité, Mariage, Entrée dans les Villes, Naiſſances de Dauphins, Enfans de France, & premier Prince du Sang, Couronnement, Entrées & Régences des Reines, même pour toutes autres cauſes & occaſions que ce puiſſe être.

XXVIII.

Que toutes les amendes mentionnées cy-deſſus, ſeront partagées par tiers : Sçavoir, un tiers pour Mr. le Lieutenant general & Procureur du Roy, un tiers pour le Bureau des Pauvres, & l'autre tiers au Corps deſdits Marchands Merciers, pour ſubvenir aux neceſſités d'iceluy : Et à l'égard des confiſcations, la moitié ſera pour leſdits Sieurs Lieutenant General & Procureur du Roy, & l'autre moitié aux Priſonniers des Priſons de cette Ville.

XXIX. *Et dernier.*

Défenſes ſont faites à tous Porteurs de Balles, Contreporteurs & Vagabons, de ſejourner en la Ville de Metz ny Païs, plus de vingt-quatre heures, hors les jours de Foires: Et ſeront leſdits Contreporteurs & Vagabons contraints de ſortir aprés leſdites vingt-quatre heures, à peine de confiſcation de leurs Marchandiſes, & de trois livres d'amende.

LOUIS PAR LA GRACE DE DIEU ROY DE FRANCE ET DE NAVARRE. A tous presens & à venir, SALUT. Nos chers & bien amés les Marchands Merciers de nôtre bonne Ville de Metz, Nous ont fait remontrer que les Rois nos Predecesseurs, en considerations de services qui leur ont été rendus par le Corps desdits Merciers en nôtredite Ville, & de l'utilité de leur Trafic; & pour leur donner des marques de leur reconnoissance, auroient accordé ausdits Exposans plusieurs beaux Privileges par des Statuts & Ordonnances qui auroient été faites à ce sujet; Mais comme les Guerres sont arrivées dans nôtre Royaume, soit par la negligence de leurs Devanciers ou autrement, ils ont été perdus & adhirés, ce qui les auroit obligé d'en dresser de nouveaux, contenant vingt-neuf Articles pour r'établir parfaitement leur Commerce & Trafic, & afin que les choses qui ont été negligées, soient executées dans un ordre avantageux & utile au Public, & empêcher par ce moyen les abus & malversations qui se sont glissées depuis un long-temps dans leurdit Commerce : Lesquels Statuts lesdits Exposans auroient presentés en nôtre Conseil, & par Arrêt d'iceluy du dixiéme Juillet, Nous aurions renvoyés à nos Lieutenant General & Procureur de ladite Ville de Metz, pour donner leur avis ſur le contenu en iceux ; & iceluy vû, être par Nous ordonné ce que de raiſon, ce qui auroit été fait ; C'eſt pourquoy leſdits Expoſans Nous ont tres-humblement fait ſuplier leur vouloir confirmer leſdits Statuts, & à cette fin leur accorder nos Lettres à ce neceſſaires. A CES CAUSES, ſçavoir faiſons, voulans faire connoître à un chacun l'eſtime particuliere que Nous faiſons dudit Corps deſdits Marchands Merciers, & deſirans favorablement les traiter. Nous de l'avis de nôtre Conſeil qui a vû leſdits nouveaux Statuts, contenant vingt-neuf Articles, ledit Arrêt de nôtre Conſeil, & avis de noſdits Lieutenant General & Procureur dudit Metz, le tout cy-attaché ſous le Contreſeel de nôtre Chancellerie ; Nous de nôtre grace ſpeciale, pleine puiſſance & autorité Royale, avons iceux Statuts agréés, confirmés & aprouvés, agréons, confirmons & aprouvons par ces Preſentes ſignées de nôtre main, Voulons & Nous plaît, qu'ils ſoient doreſnavant obſervés & executés ſelon leur forme & teneur, ſans qu'il y ſoit contrevenu en aucune maniere que ce ſoit, ſur les peines y contenuës. SI DONNONS EN MANDEMENT à nos amés & feaux Conſeillers les Gens tenans nôtredite Cour de Parlement de Metz, Lieutenant General audit lieu, & à tous autres nos Officiers qu'il apartiendra, que leſdites Preſentes ils ayent à verifier & faire regiſtrer, icelles entretenir, garder & obſerver ſelon leur forme & teneur, pour en joüir par leſdits Expoſans pleinement, paiſiblement & perpetuellement, contraignant à ce faire ſouffrir & obeir toüs ceux qu'il apartiendra, nonobstant tous Edits, Ordonnances, Arrêts, Réglemens, Restrinctions, Mandemens, Défenses & Lettres à ce contraires; A quoy Noüs avons dérogé & dérogeons par ces Presentes. Voulons qu'aux Copies d'icelles collationnées par l'un de nos amés & feaux Conseillers & Secretaires, foy soit ajoûtée comme à l'Original: CAR tel est nôtre plaisir. Et afin que ce soit chose ferme, stable & à toûjours, Nous avons fait mettre nôtre Seel à cesdites Presentes, sauf en autre chose nôtre droit & l'autruy en tout. DONNE' à Fontainebleau au mois d'Août, l'an de grace, mil six cens soixante-six. Et de nôtre Régne le vingt-quatriéme. *Signé*, LOUIS. *Et plus bas*, Par le Roy, DE LIONNE, avec paraphe. Et scellé du grand Sceau de cire verte. Et à côté est écrit, *Visa*, SEGUIER, pour servir aux Lettres de confirmation des Statuts des Marchands Merciers de la Ville de Metz.

REgistrées au Greffe des Expeditions de la Chancellerie de France, par moy Conseiller Secretaire du Roy, Greffier desdites Expeditions. A Fontainebleau le dix-neuviéme Août mil six cens soixante-six.

REgistrées, oüy & ce consentant le Procureur General du Roy, pour être executées selon leur forme & teneur, suivant l'Arrêt de verification de ce jour. Fait à Metz en Parlement le dix-septiéme Septembre mil six cens soixante-six. Signé, FAGNIER.

EXTRAIT DES REGISTRES de Parlement.

VEU par la Cour les Lettres Patentes du Roy données à Fontainebleau au mois d'Aoûc mil ſix cens ſoixante ſix, ſignées LOUIS. Et ſur le reply par le Roy, DE LIONNE. Et ſcellées ſur lacs de ſoye du grand Sceau de cire verte, obtenuës par les Marchands Merciers de la Ville de Metz, par leſquelles & pour les cauſes y contenuës; ledit Seigneur Roy, aprés avoir vû les nouveaux Statuts contenant vingt-neuf Articles, que les Suplians auroient fait dreſſer pour éviter les abus & entrepriſes qui ſe commettoient à leur Trafic, auroit iceux nouveaux Statuts agréé, confirmé & aprouvé, veut qu'ils ſoient doreſnavant obſervés & executés ſelon leur forme & teneur, ſans qu'il y ſoit contrevenu en aucune maniere que ce ſoit, ſur les peines y contenuës: Arrêt du Conſeil du dixiéme Juillet dernier, par lequel la Requête des Suplians & leſdits nouveaux Statuts auroient été renvoyés pardevant le Lieutenant General & le Procureur du Roy du Bailliage de Metz, pour donner leur avis ſur le contenu en iceux, pour icelui vû & raporté, être ordonné ce que de raiſon : Les Déclarations & Avis dudit Lieutenant General, & dudit Procureur du Roy, en datte du vingt-huitiéme Juillet dernier, auſquels leſdits Statuts, Lettres & Arrêt auroient été communiqués, contenant qu'ils n'avoient trouvé dans leſdits Statuts aucune choſe préjudiciable au bien public : Que leſdits Statuts pouvoient être accordés, & que l'execution d'iceux ne pouvoient être que tres-avantageuſes au Public, & favorables à la manutention dudit Negoce : Requête des Impetrans afin d'enregiſtrement deſdites Lettres : Concluſions du Procureur General du Roy : Tout conſideré, LA COUR a ordonné & ordonne que leſdites Lettres Patentes ſeront enregiſtrées au Greffe de ladite Cour, pour être executées ſelon leur forme & teneur, à charge que l'élection du Maître ſe fera à la pluralité des voix, au lieu duquel ils conviendront, ou au logis de l'ancien Maître qui recueillera les voix ; & en cas de conteſtation, la connoiſſance en apartiendra au Lieutenant General ; Que l'élection des cinq Jurés ſera faite au même lieu & en la même maniere, & preſenteront tous leſdits nouveaux Elûs, le ſerment és mains dudit Lieutenant General, & en preſence du Procureur du Roy, & payant ſix livres pour la preſtation dudit ſerment ; ſçavoir quatre audit Lieutenant General, & quarante ſols audit Procureur du Roy ; Que l'Aprentiſſage ſera de trois ans en cette Ville de Metz, & s'il avoit été commencé ailleurs par quelques Aprentifs originaires de cette Ville, en justifiant des Certificats valables du Royaume, il poura être continué en ladite Ville & achevé, à charge qu'il demeurera du moins un an en cette Ville chés un Maître : Que pour Lettres d'Aprentissage il sera donné par l'Aprentif dix livres aux Maîtres, au profit du Mêtier, & trois livres pour l'affirmation audit Lieutenant General : Que pour le droit d'établie sera payé audit Lieutenant General & Procureur du Roy trente livres, dix livres aux Pauvres de l'Hôpital Saint Jacques, & cent livres au profit dudit Mêtier : Qu'il ne sera payé par les Veuves venans à se remarier, que neuf livres audit Lieutenant General & Procureur du Roy pour droit d'Aprentissage, & dix livres aux Jurés pour être partagées entr'eux : Que les Amendes portées ausdits Statuts seront de trente livres aux Articles desdits Statuts qui en portent cent, & de cent livres au lieu de trois cens portées en l'Article treize: Qu'il sera permis aux Marchands Forains & Etrangers de venir en cette Ville trois fois l'année, & y amener toutes sortes de Marchandises qui seront déchargées au Poids de la Ville, pour être reconnuës, & déclaration dressée d'icelles, pour ce fait être mises dans des Magazins & venduës pendant huit jours par lesdits Marchands, tant en gros qu'en détail, aux Marchands & Bourgeois de la Ville; & ledit temps passé, le restant desdites Marchandises être vendu en gros par Facteurs, aux Marchands Bourgeois de la Ville seulement, dont ils dresseront pareillement déclaration, à peine de cent livres d'amende contre les Contrevenans, & à charge que ladite visite se fera sans frais, & aussi-tôt qu'ils en seront requis. A fait inhibitions & défenses à tous Hôteliers d'exposer en vente aucunes Marchandises pour eux, ou pour les Marchands Forains & Etrangers, à peine de confiscation & amende; Et seront tenus lesdits Hôteliers d'avertir les Marchands Forains & Etrangers logeans en leurs Maisons, qu'ils ne peuvent vendre en leursdites Hôteleries & Maisons : Qu'il sera loisible ausdits Marchands Merciers de cette Ville, d'étaler les jours de marché és Lieux & Places ordinaires, sans qu'ils soient obligés de tenir leurs Boutiques fermées esdits jours de marché : Que les Amendes ausquelles les Maîtres du Mêtier seront condamnés sur le Raport des Jurés, seront mises és mains du Receveur desdites Amendes pour en rendre compte, & neanmoins apartiendront audit Lieutenant General par moitié, & aux Jurés pour le profit dudit Mêtier : Les Amendes encouruës sans aucun Acte ou formalité de Justice, qui n'excederont vingt sols; Et que la moitié des confiscations apartiendra audit Mêtier, & l'autre aux Prisonniers de la Conciergerie du Palais : Et que les Colporteurs ne pouront sejourner plus de trois jours en cette Ville : Et le vingt-deuxiéme desdits Statuts sera rayé. FAIT à Metz en Parlement le dix-septiéme Septembre mil six cens soixante-six.

Collationné, Signé, FAGNIER.